LK7/1953

NOTICE

HISTORIQUE ET GÉNÉALOGIQUE

DE LA

TERRE ET BARONNIE DE CHACENAY,

Par M. Lucien COUTANT,

Membre correspondant de la Société Académique de l'Aube,
Président de la Société de Sphragistique.

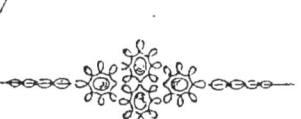

TROYES.

BOUQUOT, IMPRIMEUR-LIBRAIRE, RUE NOTRE-DAME.

—

1851.

NOTICE HISTORIQUE ET GÉNÉALOGIQUE

de la

TERRE ET BARONNIE DE CHACENAY,

Par M. Lucien COUTANT,

Membre correspondant de la Société Académique de l'Aube, Président de la Société de Sphragistique.

———⊙⊙———

Castro censorio, cacenio, caceniacum, chaceniacum (1), Chacenay et enfin Chassenay : tels sont les noms qu'a porté le village ou plutôt le château de Chacenay. Cette ancienne baronnie, l'une des plus importantes du comté de Champagne, a fourni une suite de hauts et puissants seigneurs, dont plusieurs jouèrent un rôle très-actif aux croisades, et dans tous les évènements qui se rattachent à l'histoire de la Champagne pendant le moyen-âge.

Le château de Chacenay est situé dans la partie la plus agreste et la plus aride de l'ancien comté de Bar-sur-Seine. Il est assis sur un mamelon entouré de montagnes entièrement dépourvues de végétation. On se demande comment de puissants châtelains purent choisir un semblable lieu pour jeter les fondations d'une demeure féodale, qui pendant des siècles fut l'une des plus riches et des plus belles de la Champagne ; c'est ce que l'histoire va nous apprendre.

Vers le milieu du xe siècle, tandis que les ducs bénéficiaires, luttant les uns contre les autres, laissaient usur-

---

(1) Ces différents noms de la terre de Chacenay se trouvent dans les bulles des papes, principalement dans celles d'Honoré III, dans les cartulaires et les chartes de Molème, de Mores et de Moutiers-S.-Jean.

per une partie de leurs droits, une famille du nom de *Brenna* (1), qui avait joué un grand rôle dans les évènements de l'époque, et qui avait considérablement agrandi ses domaines, entoura ses vastes fiefs de formidables donjons, afin de s'en assurer la possession. Vendeuvre, Vitry-le-Croisé, Chacenay et d'autres lieux en furent pourvus, et la garde en fut confiée à des capitaines relevant des sires de Brienne. Le donjon de Chacenay, élevé en l'an 951, se trouvait situé à l'extrémité du pays des Lingons et aux confins du royaume de Bourgogne; il servait de délimitation entre cette dernière province et celle de Champagne. Ainsi, cet emplacement n'avait été choisi que comme simple occupation stratégique. En 1015, pendant les troubles que la reine Constance, femme du roi Robert, excita en Bourgogne, pour les prétentions qu'elle avait à la succession du royaume, la plus grande partie des seigneurs de la contrée avaient embrassé son parti. Les sires de Brienne, de Bar et autres, furent du nombre, et ils se mirent à fortifier leurs châteaux; ceux de Vendeuvre et de Chacenay furent agrandis (2). A cette époque, ce dernier ne se composait que d'un donjon; il fut alors flanqué de plusieurs grosses tours.

A la mort du chef de la maison de Brienne, les vastes domaines qui lui appartenaient furent partagés; aux aînés fut dévolue la terre dont ils portaient le nom. Le donjon de Chacenay devint, en 1075, la propriété d'Erard de Brienne, chef de l'une des branches cadettes. Ce haut et puissant baron, fier de la noblesse de ses ancêtres, ne pouvait se contenter du vieux donjon, construit pendant les guerres pour défendre la contrée et loger une garnison.

---

(1) Brienne.

(2) Plusieurs historiens s'accordent à dire que du haut du château de Brienne, qui était alors beaucoup plus élevé que de nos jours (la montagne ayant été abaissée), on communiquait par des signaux avec les châteaux de Vendeuvre et de Chacenay.

Il commença par y ajouter d'immenses constructions. Un large fossé taillé dans le roc en défendit l'approche ; puis d'énormes tours, auxquelles on donna le nom de sainte Parisses, dominèrent le ravin où se trouve aujourd'hui le village.

D'autres corps-de-logis furent élevés du côté où la pente de la coline défend naturellement le manoir. Toutes ces constructions formèrent bientôt une ligne de défense qui donna au château de Chacenay la réputation d'être imprenable (1). Suivant l'opinion de divers écrivains, le nom de Chacenay aurait une étymologie celtique ; mais il est évident que le village de Chacenay ne doit son origine qu'au donjon qui y fut élevé en 951. Ce n'est qu'à cette époque que des habitations vinrent se grouper autour de la forteresse féodale, et y chercher un abri contre les bandes de brigands, qui en ce temps infestaient les frontières de la Bourgogne et de la Champagne. Erard avait à peine achevé d'agrandir le château de Chacenay, qu'il mourut ; c'était en 1081. Son fils aîné, Milon, lui succéda. Ce puissant baron, au dire des légendaires de l'époque, avait une cour qui rivalisait de luxe avec celles des comtes de Brienne, ses aînés, et même avec celle des comtes de Champagne.

Combien ne comptait-il pas de vassaux ; la liste en est longue, et elle nous montre la vaste étendue de ses domaines. La voici d'après les manuscrits que nous avons compulsés :

C'étaient les sires de Fontette, de Thennelières, de Vaudes, de Machy, de Chervey, de Bertignolles, de Marolles, de Saint-Usage, de Vitry, de Ville-sur-Arce, d'Eguilly, de Lillotte et de Gand. Tous ces seigneurs, dit le légendaire, se pressaient à la cour du sire de Chacenay, comme chambellans, écuyers ou secrétaires, etc.

Milon épousa Adèle ; il en eut plusieurs enfants : Guibert, Hugues et Anséric. Les deux premiers étaient d'une

---

(1) Ces intéressants renseignements se trouvent dans un manuscrit que possède M. Bertherand, propriétaire du château.

complexion faible et maladive. Guibert demande un jour à son père la permission d'aller à Molême, cette fondation nouvelle de saint Robert, issu, comme lui, des comtes de Brienne, de Tonnerre et de Bar-sur-Seine. Il voulait trouver un remède à ses maux, soit dans la prière, soit par l'intercession toute puissante de la Mère de Dieu (1). Milon donna à son fils une suite nombreuse et digne de son rang, et il fut accueilli avec toute sorte de soins et de prévenances par le saint abbé. Après être resté quelques jours à Molême, Guibert souscrivit, en faveur de ce monastère naissant, la donation de la terre de Nantrey, l'une des plus considérables du patrimoine de Chacenay, et il revêtit la charte d'investiture du sceau de Milon, son père.

Y avait-il préméditation de la part de Guibert ? s'était-il à cet effet muni du sceau paternel ? ou bien Guibert avait-il été sollicité par saint Robert, ou par quelqu'un de ses religieux ? L'histoire garde le silence à cet égard.

De retour à Chacenay, Guibert apprit à son père l'abandon qu'il avait fait au monastère de Molême. A cette nouvelle étrange, Milon ne peut contenir sa colère ; il reproche à Guibert d'avoir agi sans discernement, et le force de retourner à Molême, pour annuler l'acte qu'il avait souscrit si légèrement. Il ajoute que, si les religieux s'opposent à ses volontés, il saura bien les contraindre à y obéir. Guibert connaissait l'opiniâtreté du baron ; sachant que toute résistance devenait inutile, il retourna à Molême, et fit connaître la mission dont il était chargé. La cession faite par un mineur était frappée de nullité, mais l'apposition du sceau du sire de Chacenay avait une haute importance : d'après l'usage de cette époque, l'apposition du sceau était la ratification formelle d'un acte. Le sceau tenait lieu de signature ; il était la meilleure sanction d'un traité.

Saint Robert refusa d'annuler l'acte souscrit par Gui-

---

(1) Molême était sous le vocable de Notre-Dame.

bert, et il vint lui-même trouver le baron : mais celui-ci resta sourd à toute prière, et résista à toutes les instances. Cette persistance dans son refus donnerait à supposer qu'il n'avait pas confié son sceau à Guibert ; car, le lui confier, c'était lui donner de pleins pouvoirs contre lesquels il n'aurait pu loyalement protester.

Les comtes de Champagne et de Bar, et d'autres puissants seigneurs, intervinrent d'abord en vain ; Milon restait inflexible. Le baron céda enfin. L'acte fut maintenu, à la condition que l'abbé Robert lui compterait *neuf livres et une once d'or*, et lui donnerait un cheval tout harnaché pour son fils Hugues.

On rédigea et on scella une nouvelle charte d'abandon, en présence de Milon, comte de Bar-sur-Seine, du comte de Champagne, et de plusieurs barons.

Peu de jours après cet arrangement, Milon partit pour la croisade, d'où il ne revint qu'en 1099. Pendant cette absence, il avait perdu ses deux fils ; Guibert et Hugues avaient succombé à leur état de langueur. On crut généralement que leur mort devait être attribuée au refus que Milon avait fait de ratifier l'acte de Guibert. Quant à Hugues, qui avait participé au marché, par le don du cheval tout harnaché que dut lui donner saint Robert, on prétendit qu'il avait encouru la colère de Dieu, et qu'il avait dû partager le sort de son frère.

En 1103, Milon fut appelé par saint Robert pour accorder un différend qu'il avait avec Hugues-le-Jeune, duc de Bourgogne, au sujet d'une propriété donnée au monastère par Emmeline. Le duc prétendait que la donation manquait de régularité, et que la terre concédée lui revenait de droit. Bernard de Montfort et Milon de Chacenay amenèrent Hugues à abandonner ses prétentions.

La même année, Milon de Chacenay, le comte de Bar, son parent, Erard de Brienne, leur oncle, et plusieurs grands seigneurs, s'assemblèrent pour confirmer les dons considérables qui avaient été faits à Notre-Dame de Molême ; et en 1104, les mêmes approuvèrent les donations faites à saint Robert par Hugues de Champagne. Milon mourut en 1107, après avoir été baron de Chacenay pendant 26 ans.

Son troisième et dernier fils, Anséric, lui succéda. Anséric fut appelé la même année, à Montiéramey, comme témoin, d'une donation de Hugues, comte de Champagne, à ce monastère.

En 1112, Robert de Ricey, parent du sire de Chacenay, accorda à l'abbaye de Mores plusieurs terres, afin que sa femme y fût enterrée. Anséric de Chacenay approuva cette donation, et conduisit toutes les milices de Chacenay, de Vitry et des pays circonvoisins, auxquelles se joignirent celles de Bar et des environs, pour assister à la cérémonie de cette inhumation, qui se fit avec une pompe inusitée.

En 1113, Anséric, étant à Troyes pour la foire de la Saint-Remy, tomba dangereusement malade. Se voyant en péril de mort, il se recommanda à Notre-Dame de Molême, faisant vœu que, s'il recouvrait la santé, il donnerait au monastère son beau domaine de Poligny, et celui de Marolles. Ayant obtenu sa guérison, il abandonna, ainsi qu'il l'avait promis, ces deux domaines au monastère, avec le consentement de sa femme, Humbeline. Elle mourut en 1117, et Anséric en 1119; ils ne laissaient pour héritier qu'un enfant en bas âge, du nom de Jacques.

Il succéda à son père sous la tutelle d'un oncle; et à sa majorité il épousa Agnès, dame de Vitry-le-Croisé. Ils donnèrent à Molême leur terre de Chervey, avec l'approbation de Manassès, comte de Bar-sur-Seine. En 1156, Jacques fit sommation à Jully pour les dîmes de Saint-Parres-les-Vaudes. Il mourut en 1160, après avoir administré la terre de Chacenay, pendant 40 ans. Sa veuve Agnès eut la garde noble de son fils Thomas, qui succéda à son père.

Thomas eut trois fils, Erard, Hugues et Bouchart. Ce dernier devint seigneur de Vendeuvre, par suite de l'extinction d'une branche de la maison de Brienne. Thomas mourut en 1177. Nous avons vainement cherché quelques détails sur son histoire.

Erard II succéda à son père. Il se maria avec Mahaut, en 1180. En 1183, Erard et sa femme donnèrent plusieurs terres à l'abbaye de Larivour, et tout ce qu'ils possédaient au village de l'*Arbressel* (1) ou *Arbrussel* (Laubressel).

En 1188, Erard partit avec Guy de Dampierre et le sire de Brienne, ses parents, pour aller au secours de Guy de Lusignan. Au siége de Ptolémaïs, le corps d'armée commandé par Guy de Dampierre fut mis en déroute à la suite d'une sortie faite par les assiégés. André de Brienne et Erard de Chacenay, se jetant au devant des fuyards, les forcèrent à retourner au combat; mais bientôt, entourés par de nombreux assaillants, ils furent tous les deux tués, et leurs gens massacrés; c'était en 1190.

Erard laissait deux enfants : l'aîné, Erard, devint baron de Chacenay, sous le nom de Erard III; le second, Jean, hérita de son oncle, la seigneurie d'Arcis. Erard épousa sa cousine Ozanna, de la famille des comtes de Bar-sur-Seine; elle vécut peu de temps. Il se remaria avec Méleusine de Broye.

Tandis qu'Erard était à la croisade, Méleusine fit réparer le donjon, auquel étaient adossées les tours Sainte-Parisse, et fit construire dans l'une d'elles un vaste réservoir en forme de baignoire qu'on appela plus tard *Bains-Méleusine*. D'après une vieille tradition, les habitants de Chacenay prétendaient, il n'y a pas long-temps encore, que Méleusine apparaissait chaque nuit dans ces bains, revêtue d'une longue robe blanche. Plusieurs fois, disaient-ils, on avait entendu gémir son âme en peine, qui revenait sur la terre, tourmentée pour avoir fait faire ces bains contre la volonté de son mari, et en son absence. Cette tradition populaire paraît se rattacher à l'usage des bains fréquents introduits par les Romains dans la Gaule, et qui se perpétua en France pendant tout le moyen-âge. On sait que les demeures féodales étaient

---

(1) Chartrier de Mores.

un peu copiées sur les villas romaines; or, chaque villa avait des Thermes complets.

La tradition de Méleusine a beaucoup de ressemblance avec le conte qui se débitait en Poitou, sur la fée Méleusine. On rapportait que cette femme ayant désobéi à certain ordre de son mari, avait été transformée en sirène, ou plutôt, qu'étant moitié femme et moitié serpent, il lui fallait pendant la nuit, au moment de sa transformation, un vaste bassin rempli d'eau.

Erard revint de la croisade en 1204, et la même année, il fit une transaction avec le prieur de Viviers, pour certaines terres relevant de sa baronnie. En 1205, il permit aux moines de Mores de bâtir une grange à Buxières, et il leur donna le moulin Garnier. En 1206, il concéda au prieur de Noé plusieurs usages dans la forêt de Vitry, et dans celle de Féraille, depuis la grande montagne jusqu'à Saint-Eusèbe, village qui aujourd'hui porte le nom de Saint-Usage (Saint-Usaige. — Saint-Ozaige. — *S. Eusebius*).

De grandes contestations venaient de s'élever entre Blanche, mère du jeune Thibaut, et Erard de Brienne, sire de Ramerupt. Ce dernier revendiquait ses droits au comté de Champagne, à cause de sa femme, tante du jeune comte. Blanche, soutenant les droits de son fils, repoussa les prétentions d'Erard. Il fit alors une levée de boucliers et vint attaquer l'armée de la comtesse de Champagne.

Parmi les plus chauds partisans d'Erard, se trouvait le sire de Chacenay, qui déclara à Thibaut qu'il ne le reconnaissait plus pour son suzerain. Blanche en eut avis avant que les troupes des nobles ligués ne l'attaquassent. Elle s'empressa de profiter de cette circonstance pour punir le seigneur félon, et s'emparer d'un point stratégique, au moyen duquel elle pouvait inquiéter les derrières de l'armée de Brienne, et reprendre plus facilement Bar-sur-Seine, dont Erard s'était emparé.

Tout à coup une armée nombreuse, après de longs détours à travers les montagnes, se présente devant le château de Chacenay : la position est critique, mais le sire de Chacenay connaît la force de la place. Sans se déconcerter, il fait prévenir le sire de Sexfontaine, son ami, entré comme lui dans la ligue, de se tenir prêt à seconder une sortie qu'il se dispose à tenter contre les Champenois. Il le charge d'attaquer l'armée en queue.

L'armée champenoise était loin de songer à un pareil plan. Soudain, Erard s'élance impétueusement hors du château : les avant-postes sont culbutés. Sexfontaine, de son côté, avait commencé l'attaque sur l'arrière de l'armée. Alors la confusion la plus grande se mit dans les rangs des ennemis, qui commencent à fuir dans toutes les directions, abandonnant à Erard toutes les machines de guerre, les objets de campement, et laissant le sol jonché de cadavres.

Blanche se montra profondément irritée de cet échec, elle envoya de suite un autre corps d'armée devant Chacenay. Erard vit bien que ce qui lui avait réussi une première fois pourrait lui devenir funeste une seconde. Il resta dans son château, et repoussa avec succès toutes les tentatives des assiégeants.

Les Champenois commençaient à désespérer de se rendre maîtres de la forteresse; ils se contentèrent de la cerner, afin d'empêcher toute communication entre Erard de Brienne et le baron de Chacenay.

Blanche avait grand besoin des gens d'armes occupés au siége de Chacenay; car, bien que le roi de France lui envoyât des secours, les comtes de Champagne et de Bar étaient pressés de tous côtés. Erard de Brienne avait réuni une armée nombreuse de Bretons, des levées faites dans les comtés de Brienne, de Bar-sur-Seine, et de seigneurs circonvoisins. Les sires de Riceys, Polisy, Landreville, Essoyes, etc., avaient embrassé le parti du prétendant au comté de Champagne.

Blanche fit proposer à Erard de Chacenay d'entrer en pourparlers, afin de signer une trêve; de son côté, le baron désirait ardemment une suspension d'armes, car toutes ses provisions étaient épuisées, et il prévoyait que si le siége se prolongeait encore sans qu'il reçût du secours, il se verrait dans la dure nécessité de capituler avec son ennemie.

Il fut convenu qu'Erard assisterait à une entrevue avec l'envoyé de Blanche, à condition que le siége serait levé immédiatement ; ce qui eut lieu. Le sire de Chacenay, et l'envoyé de Blanche, devaient amener au rendez-vous chacun un nombre égal de gens d'armes.

Erard quitta son château avec quinze hommes, et se rendit au lieu fixé pour l'entrevue, vers une croix de pierre, élevée dans un vallon, entre Viviers et Chacenay.

Le sire de Chacenay arriva le premier. Il attendait avec confiance l'envoyé de la comtesse, qui tardait à paraître ; Erard ne pouvait croire à une trahison, et ce fut en vain que ses gens l'engagèrent à fuir ; rien ne put l'y déterminer. Tout à coup un grand nombre de cavaliers s'élançant du fond des ravins, se jetèrent sur les gens du sire de Chacenay. Il veut en vain se défendre : accablé par le nombre, il fut pris, garotté et emmené à Troyes, où on le plongea dans un noir cachot. Cette infâme trahison fit perdre à Blanche un bon nombre de partisans.

La comtesse de Champagne avait pensé que l'absence du sire de Chacenay faciliterait la prise de son château ; aussi envoya-t-elle une nouvelle armée pour reprendre le siége levé pendant un instant. Mais dans cet intervalle, la forteresse s'était ravitaillée, et le sire de Sexfontaine était venu s'y enfermer avec ses gens.

Toutes les tentatives de l'armée champenoise échouèrent, et bientôt elle fut forcée de lever le siége à cause du retour subit du sire de Chacenay, qui s'était échappé de prison, par l'intermédiaire d'un de ses anciens serviteurs attaché au service de la comtesse.

Comme on le pense bien, c'était avec la rage dans le cœur qu'Erard rentra dans son château, et dès lors toutes ses pensées furent tournées vers la vengeance.

Sexfontaine et le baron reprenant l'offensive, attaquèrent les Champenois auprès de Chervey, et les taillèrent en pièces. Dans un nouveau combat donné près de Landreville, ils achevèrent d'anéantir le corps d'armée envoyé par Blanche.

Débarrassé de la présence de l'armée champenoise,

Erard partit en toute hâte pour se réunir au sire de Brienne.

Ils reprennent Merrey et Villeneuve, qui leur avaient été enlevés de vive force. Jully et plusieurs autres villages sont emportés d'assaut. Enfin, après un siége de quelques jours, Bar-sur-Seine tombe en leur pouvoir ; mais ils en sont presque aussitôt chassés par l'armée royale, qui venait d'opérer sa jonction non loin de Chaource, avec celle du jeune Thibault.

Cette guerre malheureuse dura plusieurs années, et réduisit la population de ces contrées à la plus affreuse misère. Les deux Erard s'étant fortifiés dans leurs châteaux, résistèrent encore pendant long-temps.

Blanche avait réclamé l'intervention du Pape, afin qu'il lançât l'excommunication contre ses ennemis acharnés. Pendant ce temps, le comte de Brienne, les sires de Ricey et des pays circonvoisins étaient entrés en arrangement avec la comtesse de Champagne, et une suspension d'armes en était résultée. Mais Erard de Chacenay et le sire de Sexfontaine, refusant tous accommodements, continuèrent les hostilités.

La bulle d'excommunication arriva (1). Le Pape Honoré III chargeait l'évêque de Langres de se rendre à Chacenay, de mettre l'interdit sur tous les fiefs, et de lancer l'excommunication contre Erard, s'il ne rentrait immédiatement dans la foi qu'il devait à son seigneur suzerain, le comte Thibault de Champagne.

L'évêque de Langres pria le Pape de le dispenser de remplir cette pénible mission; on ignore quels furent ses motifs (2). L'évêque de Soissons vint, à sa place, signifier au sire de Chacenay la bulle d'Honoré III, et comme

---

(1) Elle est datée de Viterbe, du 28 octobre de la quatrième année du pontificat. Vid. *Gall. Christiana*.

(2) Plusieurs historiens pensent que c'était par crainte du baron de Chacenay, son proche voisin; mais il est probable que ce fut à cause des liens de parenté qui les unissaient.

Erard ne voulait céder sur aucun point, elle reçut son entière exécution.

Le résultat que Blanche en attendait ne fut pas atteint d'abord.

Les populations attachées aux deux seigneurs interdits n'avaient pas oublié l'outrage fait à leur seigneur par la comtesse de Champagne, et ils étaient irrités par les cruautés que ses soldats avaient commises. Partageant les idées de vengeance de leurs maîtres, elles ne les abandonnèrent pas, comme il arrivait toujours en pareille circonstance, et, se groupant autour d'eux, ils jurèrent de les défendre jusqu'au dernier soupir.

On trouverait, pendant le moyen-âge, peu d'exemples d'une pareille détermination, sous le coup d'un interdit général.

Encouragé par l'attitude de ses vassaux, Erard continua la guerre, pour soutenir les prétentions de son parent. Plus tard, s'il changea de détermination, ce ne fut que lorsque celui-là même qu'il défendait l'y contraignit.

Erard de Brienne, effrayé des maux qu'il avait attirés sur son pays par son ambition, voyant tous les bourgs et villages du comté de Bar-sur-Seine et environs réduits en cendres, comprit l'énormité de sa faute et commença à prêter l'oreille aux propositions de paix qui lui furent faites. Il consentit donc à un arrangement devant le roi de France, et à une trêve d'une année, dans laquelle Chacenay et Sexfontaine furent compris.

Une trêve de quatre années s'en suivit bientôt et fut changée en un traité de paix définitif entre Thibault et Erard.

Le sire de Chacenay ne se pressait pas de rentrer dans l'hommage du comte de Champagne, parce qu'il avait encore le cœur ulcéré de son emprisonnement et de l'excommunication lancée contre lui. Thibault se plaignit à Erard de Brienne de ce qu'après la paix signée, Chacenay refusait toujours de le reconnaître et lui était toujours hostile.

Erard de Brienne, Semonde de Clermont, Philippe de Plancy, les sires de Ricey, de Dinteville, et tous les barons qui avaient embrassé la cause du comte de Brienne contre Thibault, se rendirent à Chacenay pour déterminer le baron à rentrer dans le devoir ; ce qu'ils obtinrent avec grande difficulté.

Les événements que nous venons de raconter sommairement, peuvent donner une idée de l'importance de la maison de Chacenay et de la formidable défense de son château.

Les abbés des monastères voisins accoururent alors à Chacenay, représentèrent à Erard que l'excommunication lancée contre lui imprimerait sur sa noble maison une tache qui devait être effacée par quelque œuvre pieuse. Le sire de Chacenay fit alors la déclaration suivante devant une foule de témoins assemblés :

« Repentant des maux que j'ai causés, et afin d'obtenir de Dieu, et par l'intercession de Notre-Dame, pardon et merci, j'abandonne au monastère de Molème toutes les dîmes que j'ai à Essoyes, le droit de patronage à Bertignolles et dans la chapelle de mon château à Chacenay. »

La chapelle dont il est ici question venait d'être reconstruite ; Erard en avait posé la première pierre le 15 mai 1206, mais elle n'avait été achevée qu'en 1224, à cause des guerres qu'eut à soutenir le baron, et qui avaient considérablement obéré ses revenus. Aussi, se vit-il obligé de vendre à Molème deux moulins qu'il avait à Essoyes, pour la somme de 70 livres fortes de Provins. L'abbaye devait, outre cette somme, compter à Emeline, dame de Chacenay, 20 livres à titre d'épingles. Le baron s'engageait à ne pas faire construire d'autre moulin dans un certain parcours désigné par les parties contractantes : il vendit encore au même monastère plusieurs terres qu'il possédait à Loches et à Landreville. Cette vente fut approuvée par le duc de Bourgogne, qui, dans cette approbation, traite Erard de Chacenay de cousin.

En effet, Hugues IV, duc de Bourgogne, comte de Châlons, avait épousé Jolande de Dreux, fille de Robert III, comte de Dreux, et de Léonarde de Saint-Valéry, cousine germaine d'Emeline, femme d'Erard (1).

Cette même année, le baron vendit encore à l'abbaye de Montiéramey deux parts de dimes de vin qu'il avait à Ville-sur-Arce, et il abandonna au même monastère, pour le repos de l'âme de ses père et mère et de ses enfants, en perpétuelle aumône, toutes les dimes de Ville-sur-Arce (2).

L'histoire de Constantinople (3) nous apprend que ce fut un chevalier bourguignon (4) du nom d'Erard, qui arrêta près de son château de Chacenay le prétendu Baudoin qui avait tenté de s'emparer de la Flandre, en se faisant passer pour l'empereur. Erad lui aurait fait avouer qu'il se nommait Bertrand, et qu'il était de *Reiso* en Bourgogne. Le sire de Chacenay l'envoya à la comtesse de Flandre, sa parente, qui le fit pendre sur la place de Lille.

En 1228, Erard de Chacenay donna aux religieux de Mores un usage dans les bois de sa seigneurie ; en 1229 il fit un arrangement avec l'abbé de Molême, pour leur communauté de leurs hommes et de leurs femmes, à Poligny et à Essoyes. Ce fut en 1234 que la seigneurie de Chacenay ressentit les premiers bienfaits de l'affranchissement qui leur fut octroyé par Erard. Il affranchit Chacenay du droit de main morte par une charte datée du mois d'août, à la condition que lesdits habitants *l'aideront raisonnablement à sa volonté, dans le cas où il marierait sa fille, ou dans le cas qu'il fut en guerre.* Ainsi,

---

(1) Erard descendait en ligne directe de la maison de Brienne, et portait les mêmes armes, qui étaient : *d'azur au lion d'or, l'écu semé de billettes du même.*

(2) Archives de l'ancienne Bourgogne à Dijon. — Cartulaire de Molême.

(3) Histoire de Constantinople, t. 3, page 96.

(4) Erard prenait ce titre depuis la guerre qu'il avait eu à soutenir contre Blanche de Champagne.

il est à remarquer que jamais les franchises n'ont été accordées, sans que quelques questions intéressées ne les ait provoquées.

Cette même année 1234, Jean de Brienne, empereur de Constantinople, écrivit à Grégoire IX, pour lui faire connaître l'extrême nécessité où il se voyait réduit. Ce pape écrivit aussitôt à Thibaut de Champagne, roi de Navarre, que *malaisément* on pourrait secourir la terre sainte si l'empereur retombait sous la puissance des Grecs schismatiques, et il le priait d'exhorter Erard de Chacenay et les autres seigneurs français qui appartenaient de parenté et d'alliance à l'empereur (1). Erard fut pressé, sollicité, mais il ne se décida à partir que plus tard. Ce ne fut qu'en 1237, lorsque le jeune Baudouin, fils de Jean de Brienne, empereur de Constantinople, vint lui-même réclamer son secours, alors Erard ne pouvait se dispenser de le suivre. Il partit avec son fils Hugues Renaud. Pendant l'absence d'Erard, Emeline de Chacenay sa femme transigea avec les religieux bénédictins de Molême, et confirma une donation qui leur avait été faite par son mari en 1206.

En 1247, Erard revint de la croisade où il avait perdu son fils, seul héritier mâle de l'immense patrimoine de Chacenay. Malgré cette rude épreuve, Erard repartit en 1248 avec saint Louis; il rentra en 1251. A peine était-il de retour, qu'apprenant que le comte de Flandre son parent était aux prises avec Conrad, il vola à son secours; mais cette fois le sire de Chacenay trouva la mort dans cette guerre : il fut tué en combattant dans la Zélande, en 1252. Il avait été baron de Chacenay pendant 52 ans. Ses dépouilles mortelles furent ramenées à Chacenay, où il fut inhumé dans la chapelle de son château.

Alix, fille unique d'Erard, devint donc dame de Chacenay. Elevée au milieu des dangers que son père avait attirés sur ses domaines, habituée dès son jeune âge au bruits des combats, Alix avait un caractère belliqueux et

---

(1) Histoire de Constantinople.

chevaleresque. Quelques légendaires assurent qu'elle partit à la croisade en déguisant son sexe (1). Alix épousa Guillaume, vicomte de Melun (2); à partir de cette époque, date la décadence de la baronie de Chacenay, l'une des plus importantes de la Champagne, et qui, dans maintes circonstances, avait fait trembler de puissants voisins.

Alix et son mari vendirent au duc de Bourgogne leurs terres de *Commergy-le-Chatel, Onguey et le Vaux-de-Paigny*, terres qu'ils possédaient entre la Saône et le Doubs. En 1254 ils accordent de nouvelles franchises et confirment celles accordées par Erard, à charge par les habitants de leur payer, chacun an, 3 deniers pour livre de meuble, et 1 denier pour livre d'immeuble. Alix apposa son sceau à cet acte d'affranchissement. Elle y était représentée à cheval avec un manteau d'hermine, un oiseau sur le poing, et sur le revers un chien grimpant.

Nous aurons plus loin à parler de ce scel. Alix, devenue veuve, se remaria au comte de Forest (3). Ils donnèrent le château de Bussy avec ses dépendances aux enfants de Hugues de Châtillon, leur neveu.

Alix devint veuve une seconde fois et mourut dans un âge avancé, emportant les regrets de tous les habitants de sa seigneurie, qui en conservèrent un souvenir devenu traditionnel. Alix n'ayant point d'enfants, trois de ses neveux, héritiers de l'immense patrimoine de Chacenay, se contestèrent leurs droits : une violente querelle, qui dura fort long-temps, s'en suivit.

Ainsi que nous l'avons déjà fait voir, la terre de Chacenay relevait, pour une partie, du duc de Bourgogne, et, pour l'autre, du comte de Champagne. Cette dépendance

---

(1) Vignier cite quelques passages de ces légendes. — De ces légendes réunies, l'auteur de cette Notice a publié un feuilleton dans le *Petit Courrier de Bar-sur-Seine*, ayant pour titre : *Alix de Chacenay*.

(2) Il portait : *d'azur à 7 besans d'or, posés 3-3-1*.

(3) Il portait : *de gueules au dauphin d'or*.

commune fut sur le point d'amener un conflit entre les deux provinces.

Les héritiers d'Alix étaient : Jean, Erard et Guillaume d'Arcis. Jean était soutenu par le comte de Champagne, et Erard par le duc de Bourgogne. Les arrangements tentés par les parties intéressées ayant échoué, Jean d'Arcis voulut trancher la question en venant s'emparer de vive force du château de Chacenay. Il arriva avec un corps d'armée assez considérable, composé d'hommes de sa seigneurie d'Arcis et de plusieurs compagnies du comte de Champagne. Il commença le siége du château où était enfermé son frère, et où il avait des intelligences avec plusieurs hommes qui devaient lui en faciliter la prise.

Le quatrième jour du siége, l'assaut fut tenté; l'escalade ayant réussi sur plusieurs points, la trahison aidant, la forteresse fut emportée, chose que n'avaient pu faire les différents corps d'armée de Thibaut.

Le duc de Bourgogne envoya aussitôt une armée munie de toutes les machines de guerre propres à un siége, et commença l'attaque du château de Chacenay, afin de le rendre à son protégé. Ce ne fut qu'au bout de huit jours que l'armée bourguignonne parvint à le reprendre, après avoir perdu un grand nombre d'hommes, qui furent enterrés dans les fossés de la forteresse.

Le duc s'empara également de Vitry-le-Croisé, qui tenait le parti de Jean d'Arcis, et y installa une nombreuse garnison. Jean eut recours au comte de Champagne; mais ce dernier, craignant que ce conflit n'amena la guerre avec son puissant voisin, refusa son concours. Alors, Jean d'Arcis s'adressa au roi de France; ce dernier fit de vives remontrances au duc de Bourgogne, de ce qu'il avait pénétré sur le territoire du comte de Champagne, et pris une forteresse qui y était située. Le duc répondit à ces remontrances par l'envoi de nouvelles troupes à Chacenay, et y installa son protégé, qui prit le titre de baron de Chacenay, sous le nom de Erard III. Le roi dépêcha un envoyé près du duc, et bientôt on entra en voie d'arrangement. Il fut convenu que le duc garderait Vitry-le-

Croisé, parce qu'il relevait de son château de Gyé, et que Jean d'Arcis, comme fils aîné, hériterait du château de Chacenay en dédommageant Erard par l'abandon d'un certain nombre de fiefs qui seraient démantelés de la baronnie. Erard fut donc forcé d'abandonner le château et le titre de baron de Chacenay, qu'il porta environ six mois. Jean était à peine entré en possession du château, qu'il voulut se soustraire au serment qu'il devait au duc de Bourgogne, et alla jurer foi et hommage à l'évêque de Langres; cette reconnaissance était sans précédents. Le duc revendiqua ses droits; ce fut en vain, Jean refusa de s'y soumettre. Voyant qu'il ne pourrait rien obtenir, le duc engagea Erard à prendre de nouveau les armes contre son frère, ce que ce dernier fit aussitôt.

La querelle dura long-temps; il y eut des escarmouches des deux côtés. On essaya d'entrer en pourparlers, mais les deux partis ne purent s'entendre. Cependant Erard promit d'accepter la décision d'un homme intègre qui prononcerait sur la validité de ses droits. Suger, abbé de Saint-Denis, fut appelé en 1282 pour terminer ce différend. Ayant été choisi d'un commun accord par les deux frères, l'illustre abbé écouta les plaignants, et, après quelques jours de mûres réflexions, prononça la sentence suivante :

1° Que toute la baronnie de Chacenay devait être également partagée, même le château ;

2° Que la partie du château appelée Tours-Sainte-Parisse, Marolles, Montaiguillon, Saint-Just, appartiendrait à Erard ;

3° Que le château proprement dit et tous les alentours appartiendraient à Jean.

Il fallut se soumettre à la décision de Suger.

Les deux héritiers avaient perdu Vitry, que le duc gardait pour sa part et pour sa peine.

Jean s'était soumis, mais n'était pas content de la décision de Suger ; il voyait avec peine son château partagé en deux parties égales. De son côté, Erard se résignant s'était mis immédiatement en mesure de creuser un large fossé qui devait séparer les deux seigneuries, c'est-à-dire le château des Tours-Sainte-Parisse. Il fallut couper le mur reliant ces immenses constructions avec le donjon, L'abbé Suger avait oublié une des questions principales, c'était celle de la foi et hommage que chacun de ces deux seigneurs devraient prononcer.

Jean, profitant de cet oubli, reporta encore son hommage à l'évêque de Langres. Le duc réclama, et une nouvelle querelle suivit encore ces incessantes contestations qui surgissaient pour les choses de la moindre importance.

Enfin, en 1289, le Parlement décida que Jean jurerait fidélité à l'évêque de Langres, et Erard au duc de Bourgogne ; que le donjon, les Tours-Sainte-Parisse, les fossés, les tranchées et fortifications, relèveraient en plein fief du roi ; que les basses-cours, terres, bois, justice, droits, etc., relèveraient de l'évêque de Langres.

Jean de Chacenay (1) se maria à Alix de Joinville (2), le jour de l'Invention de la Sainte-Croix, en 1300. Alix lui apporta 500 livres de rente et 3,000 livres de dot, somme énorme pour l'époque.

Jean mourut sans postérité peu de temps après son mariage. Erard de Sainte-Parisse et Guillaume de Pisay (3), ses deux frères, contre lesquels il avait constamment guerroyé, devenaient héritiers du domaine de Chacenay ; mais, lorsqu'ils se présentèrent pour s'emparer de la succession, ils trouvèrent un testament bien en règle par lequel Jean abandonnait l'usufruit de toutes ses terres à sa veuve Alix, et léguait, à la mort de cette dernière, sa terre de Chacenay à Guillaume, son jeune frère. Guillaume devenait donc héritier de Chacenay et devait se conformer aux volontés de son frère, c'est-à-dire

---

(1) Jean portait : *de gueules à la fasce d'or.*

(2) Alix portait : *d'azur à 3 broies d'or, au chef d'argent chargé d'un lion de gueules.*

(3) Guillaume portait : *de gueules à la fasce d'or.*

attendre la mort d'Alix pour entrer en possession des domaines à lui légués.

Les Anglais, ces ennemis éternels de notre pays, profitant de nos divisions intérieures, venaient de pénétrer jusqu'au cœur de la France, et après s'être emparés d'un grand nombre de villes, ils s'y étaient établis avec toute la sécurité d'une conquête qui devait rester en leur possession.

Plusieurs chefs de leur armée contractèrent même des alliances avec de hautes familles de la noblesse française. Mais disons-le, à la louange de notre nationalité, il y eut aussi de nobles dévouements parmi la chevalerie française. Guillaume, sachant qu'Alix de Chacenay, sa belle-sœur, entretenait des relations avec le fils d'Édmond de Lancastre, dont la présence était prochainement annoncée, prétendit que, par son testament, son frère Jean n'avait pas légué à sa veuve les armes que contenait le donjon, et il en réclama la restitution.

Guillaume prévoyait que ces armes seraient prochainement souillées en passant entre les mains de l'étranger. Alix répondit que son mari lui ayant abandonné tout l'usufruit de ses domaines et la jouissance de son château, sans aucune restriction, il était naturel que les armes qui s'y trouvaient renfermées fissent partie de cet abandon ; qu'en conséquence elle ne se désaisirait pas des armes.

Guillaume menaça Alix de marcher contre Chacenay, et de s'emparer de vive force de ce qu'on lui refusait. On en était aux menaces lorsque le duc de Bourgogne envoya dire à Alix que si elle abandonnait les armes de son donjon, il enverrait aussitôt une armée pour s'emparer du château.

Quelques jours après, les Anglais se présentèrent devant le château de Chacenay, commandés par Henry d'Angleterre, fils d'Edmond de Lancastre. Ce que Guillaume avait prévu arriva : Alix ouvrit les portes de son château sans aucune résistance. Tous les manuscrits que nous avons consultés ne nous disent rien de la conduite d'Erard de Sainte-Parisse en cette circonstance.

A peu de temps de là, Guillaume recevait la mort dans

un combat contre les Anglais ; et comme il était sans postérité, toute la terre et le château de Chacenay revenaient à Erard. En conséquence, Sainte-Parisse et le donjon se trouvèrent réunis comme au début de toutes les querelles survenues entre les trois frères. Fallait-il sacrifier tant d'hommes qui périrent dans ces combats, pour revenir au point d'où l'on était parti ? L'ambition et l'égoïsme des hommes ont toujours été les mêmes !...

Alix épousa Henry d'Angleterre, fils d'Edmond de Lancastre ; ce dernier habita pendant quelque temps le château de Chacenay, où il avait en quelque sorte établi son quartier-général.

Erard épousa Blanche de Châtillon (1). Il eut de ce mariage : Jean Damoiseau, qui mourut le 10 mai 1338, et qui fut enterré dans le chœur de l'église de Mores (2), puis Marguerite d'Arcis, à qui Erard donna les Tours-Sainte-Parisse, en lui faisant épouser Mathieu de Mello, et enfin Jeanne d'Arcis, mariée à Guillaume de Grancey, seigneur de Larrey et Ricey, à qui elle apporta Chacenay. Ce dernier termina une longue querelle que son beau-père avait eue avec les prieurs de Viviers pour certains droits.

Erard fut tué en Prusse, où il était allé en 1344, secourir les chevaliers Teutoniques contre les Sarrazins. En lui s'éteignit la seconde branche de la maison de Brienne-Chacenay.

Guillaume de Grancey (3) devint seigneur de Chacenay, et Mathieu de Mello, seigneur des Tours-Sainte-Parisse. Guillaume réunissait encore à ces vastes domaines Larrey, Ricey et sa terre de Chatel-Villain, etc. Le nouveau seigneur de Chacenay releva l'honneur de cette forteresse qui avait vu flotter sur ses murs l'étendard de la Grande-

---

(1) Elle portait : *de gueules à 3 pals de vair, et au chef d'or.*

(2) Histoire de la maison de Château-Villain.

(3) Il portait : *d'argent au chef de gueules.*

Bretagne, ouvert ses portes sans résistance, et avait vu sceller l'alliance de sa châtelaine avec un Lancastre. Il fit une guerre des plus acharnées à ces cruels ennemis de notre pays, qui commençaient déjà à se replier sur la Normandie. Guillaume avait fait réparer le château, ainsi que la chapelle, en 1370. Ce baron, l'un des plus illustres de son temps, mourut en 1388, sans postérité. Sa veuve vendit Chacenay à son beau-frère, Robert de Grancey, qui en devint seigneur. Il épousa Jeanne de Beaujeu-Choiseul, le 7 janvier 1389. Cette même année il rendit foi et hommage au roi de France pour son donjon de Chacenay. Le père Anselme, à qui nous empruntons ce renseignement, n'explique pas que ce n'était que pour une partie du château.

Robert eut une fille, Claude de Grancey, qui épousa en premières noces Philippe de Chauvirey (1), et devint seigneur de Chacenay à la mort de son beau-père. Ils eurent une fille, Marguerite, qui se maria à Jean de Rougemont, seigneur de Buxières, et une seconde, du nom d'Alix, qui épousa, le 17 octobre 1440, Tanneguy, le compasseur de Crequy (2).

Philippe de Chauvirey mourut peu de temps après son mariage; sa veuve se remaria à Amé de Choiseul. Ce dernier, après une année de mariage, fut fait prisonnier à Calais, par les Anglais; il était chambellan du duc de Bourgogne, qui paya une rançon de 2,000 livres pour le racheter, et le fit capitaine de Noyers. Il mourut en 1439, laissant une fille du nom de Jeanne. Sa veuve se remaria à Jean de Mello, seigneur des Tours-Sainte-Parisse. Il était fils de Louis de Mello et de Jeanne d'Aumont.

Jeanne de Choiseul devint dame de Chacenay, et se

---

(1) Il portait : *d'azur à une bande accompagnée de 7 billettes d'argent, 4 en chef, 3 en pointe.*

(2) *Mercure de France*, page 208.

maria à Etienne d'Anglure (1), qui venait d'embrasser le parti des Anglais, revenus dans ce malheureux pays, à la suite de l'assassinat du duc Jean-sans-Peur, à Montereau.

Les couleurs d'Angleterre furent arborées pour la seconde fois sur le donjon de Chacenay. Etienne fut nommé chambellan du roi d'Angleterre, et *pour récompenser ses bons services*, le roi lui abandonna, par confiscation, le 22 mars 1431, les terres et seigneuries de Parey, Destrelles, le parc de Lachi, ayant appartenu à Jean de Sarrebruche, évêque de Châlons, puis ce que le seigneur de de Guitry possédait à Chacenay.

Dans son excès de générosité, le roi d'Angleterre abandonna encore au sire de Chacenay la seigneurie de Vitry-le-Croisé, qui, comme on le sait, avait déjà fait partie (2) de ce patrimoine. Toutes ces donations étaient le salaire du déshonneur, tandis que les terres confisquées étaient un gage d'honneur et de patriotisme pour leurs anciens propriétaires, qui avaient refusé de prêter leur concours à l'étranger.

Etienne d'Anglure eut une fille du nom de Claude, qui épousa Jean de Blaisy, seigneur de Villecomte; elle devint veuve le 8 janvier 1452.

Afin de bien suivre les événements qui se passèrent dans ces temps de calamités, il faudrait des volumes entiers pour retracer toutes les circonstances que nous allons soumettre à nos lecteurs; mais le cadre restreint dans lequel nous sommes obligé de nous renfermer ne nous permet que de donner une analyse des principaux faits se rattachant à l'histoire locale que nous écrivons. Les guerres de Louis XI avec le duc de Bourgogne auraient

---

(1) Etienne d'Anglure portait : *d'or à la croix de sable, ancrée*.

(2) Le P. Anselme.

besoin d'amples détails dans lesquels nous ne pouvons entrer ; nous dirons donc seulement que l'ambition de Louis XI d'un côté, les idées belliqueuses de Charles-le-Téméraire de l'autre, déterminèrent la lutte engagée entre ces deux princes. Jeanne de Choiseul, veuve du sire d'Anglure, était attachée à la cour et aux intérêts du duc de Bourgogne, elle embrassa son parti et se disposa à résister aux Français, ou plutôt aux Troyens qui se présentèrent devant Chacenay le 7 juin 1465. Les Troyens s'étaient chargés de ruiner le comté de Bar-sur-Seine. La place fut sommée de se rendre. Le capitaine qui y commandait répondit par un refus. L'attaque commença. Le château de Chacenay avait pu résister à toutes les attaques de Blanche de Champagne, aux querelles de succession ; mais, à l'époque où nous arrivons, la science avait fait la découverte d'une terrible invention qui changeait la face des combats : les Français traînaient après eux quelques pièces de canon qui furent placées sur une éminence, et commencèrent à jeter l'alarme dans la forteresse. Cependant le 12, les Troyens n'avaient pu encore s'en rendre maître : un assaut général fut ordonné, et enfin Chacenay fut pris, brûlé et démoli, les fossés comblés et les remparts renversés ; une partie des gens enfermés dans le château, furent passés au fil de l'épée, et, qui le croirait, les Cordeliers de Troyes assistaient à cette épouvantable exécution, qui n'était encore rien à comparer à ce qui s'était passé à Bar-sur-Seine.

Il n'est pas étonnant qu'après des sièges si souvent répétés, on rencontre dans les fossés et dans les environs, tant d'ossements humains, des flèches, des armes de tout genre, des monnaies, etc.

Jeanne se remaria la même année de la destruction de son château, à Jacques de Louvans, bailli de Meaux ; ils obtinrent du roi une commission pour contraindre les habitants de Vitry-le-Croisé, comme étant de leur châtellerie, à faire le guet et à garder les ruines du château de Chacenay, dont on n'avait encore pu rétablir les fortifications.

Jacques mourut cette même année ; Jeanne ne mourut

qu'en 1480. Claude d'Anglure, sa fille du premier lit, qui avait épousé Galles de Sallezard (1), recueillit la succession de Chacenay : Galles était chambellan du roi, capitaine et gouverneur de Boulogne-sur-Mer.

Ce seigneur commença à relever Chacenay de ses ruines, et à rétablir les droits qui y étaient attachés, droits que les malheureux habitants, ruinés par les guerres, croyaient à jamais oubliés. Le 20 octobre 1495, les habitants de Bertignolles et Chervey protestent contre le rétablissement des censives, réclamations qui n'aboutirent qu'à s'entendre condamner par le Parlement. Le sire de Chacenay, faisant rétablir les fossés de son château, anticipa sur les terres de Saint-Parisse, dont Guillaume de Chaumont était seigneur. Ce dernier réclama ; des contestations on en vint aux mains, et, retranchés chacun dans les ruines de leur manoir et des anciennes fortifications, ils se battirent à coups d'arquebuses.

Il fallut l'intervention du roi pour faire cesser cette lutte déshonorante.

Le sire de Lenoncourt, seigneur de Loches, de Marolles et Chauffour, s'entremit entre les deux partis, et il fut décidé qu'on planterait des bornes pour séparer les deux seigneuries.

Galles eut une fille du nom de Bernarde de Sallezard, qui se maria le 8 octobre 1510 à Jean de Scinto, seigneur de Marigny, échanson du roi. Il devint seigneur de Chacenay à la mort de son beau-père. Jean mourut le 2 mars 1548. Sa veuve se remaria à René Poraire, seigneur de Préaux. Par son contrat de mariage, Bernarde lui avait donné la baronnie de Chacenay. Cependant, en 1551, elle vendit Chacenay à Guillaume de Dinteville et à Louise de Rochechouard, son épouse. La famille de Dinteville posséda Chacenay pendant un certain temps. Nous n'entre-

---

(1) Ses armes étaient : *coupé d'argent et de sable, à une bande engrêlée de l'un en l'autre*.

rons dans aucun détail sur cette maison ; nous aurons à en traiter dans un travail sur Polisy. Les guerres religieuses survenues après le massacre de Vassy, amenèrent de nouveaux malheurs sur Chacenay et Sainte-Parisse, dont les murailles venaient d'être relevées. Les protestants s'étant emparés du château, les Troyens vinrent les y assiéger. Après s'être emparés de la forteresse, ils firent un effrayant carnage des religionnaires, et rendirent le château au sire de Dinteville, qui en avait été chassé. A peine les Troyens étaient-ils partis, que les protestants s'en emparèrent de nouveau. Ils en furent débusqués par Louis de Lenoncourt, qui avait épousé Jeanne de Dinteville. Devenu seigneur de Chacenay, Louis mourut en 1590 ; sa veuve se remaria à Philibert de Choiseul, chevalier de l'ordre du roi.

Les guerres de la ligue, qui avaient succédé aux dévastations des protestants, ne devaient point épargner le malheureux château de Chacenay. Les Choiseul, dont le dévouement était acquis au roi de Navarre, devaient tout naturellement appeler les ligueurs de ce côté. Ils s'emparent de Chacenay et contraignent Mme Jeanne à vendre son château au sieur de Fautrey, qui y commandait comme capitaine. La vente eut lieu le 2 février 1600, avec deux petits hameaux, les Mallets.

Ces malheureuses guerres avaient tellement dévasté le pays, que la population du village de Chacenay fut réduite à soixante habitants, en y comptant quinze veuves (1).

Mme de Dinteville ayant été elle-même ruinée par la ligue, ses créanciers mirent saisie sur plusieurs de ses fiefs. Ils prétendirent que la vente du château n'était pas légale, et qu'elle ne pouvait avoir lieu. Ils mirent opposition et saisirent la terre de Chacenay le 13 juillet 1610.

---

(1) Archives de l'ancienne Bourgogne, à Dijon. Dénombrement de Bourgogne.

Elle fut vendue à Charles de Lenoncourt le 19 mai 1612. Ainsi, comme on peut le voir, par toutes les querelles, les guerres et les malheurs que ces barons avaient appelés sur le pays, le pouvoir féodal s'écroulait peu à peu, le prestige disparaissait de jour en jour. Philippe de Lenoncourt, fils de Charles, devint possesseur de Chacenay ; il était abbé de Rebaits, et conserva cette terre jusqu'en 1661, époque où il fit son testament daté du 24 mars. Il légua Chacenay à messire François de Clermont, évêque de Noyon, pour un tiers, et les deux autres revinrent de droit à messire Antoine Duchatelet, héritier de Philippe de Lenoncourt.

Le 15 octobre 1661, le comte de Noyon vendit son tiers à M. de Mesgrigny, et, le 18 juin 1664, Antoine du Chatelet donna ses deux tiers à Daniel du Chatelet, son fils (1). Ce dernier épousa Elisabeth de Fontaine, le 31 janvier 1666.

Pendant dix-neuf années, les deux seigneurs de Chacenay et Sainte-Parisse furent constamment en querelle. Les procès suscités par les parties occasionnèrent de si grands frais, que la terre de Chacenay fut saisie et vendue à Claude de Forcadel, écuyer, seigneur de Villedieu. Cette reprise de fief est ainsi consignée (1) :

« Reprise de fief du 15 avril 1701, des tranchées et donjon de Chacenay, relevant du roi, le reste de l'évêque de Langres, à cause de sa seigneurie de Mussy. »

Claude de Forcadel vendit Chacenay au marquis de Liancourt, qui se maria, en 1706, à Élisabeth de Poncher.

M. Hennequin, qui était alors seigneur de Sainte-Parisse, continua contre le nouvel acquéreur le procès en litige, qui dura jusqu'en 1720, époque à laquelle, de guerre

---

(1) Il portait : *d'argent à la croix engrelée, de gueules.*

(1) Voyez reprise de fief, archives de l'ancienne Bourgogne, à Dijon.

lasse, il vendit sa seigneurie à M. François-Marie de Verton. Ce dernier, voyant qu'il aurait à suivre la longue querelle de ses prédécesseurs, vendit, en août de la même année, à Claude-François Poncher (1), maître des requêtes, et à Elisabeth Arnaud, son épouse (2), sa seigneurie de Chacenay, pour la somme de dix-sept mille livres.

M. de Poncher continua le procès commencé par M. de Liancourt. Le 25 juin 1725, la seconde chambre des enquêtes entendit les témoins et fit dresser un plan des lieux. On retrouva les bornes plantées en 1501. Dès-lors M. de Poncher eut gain de cause.

Sainte-Parisse et Chacenay furent encore et pour la dernière fois réunis, car le possesseur fut contraint de vendre à M. de Poncher.

Certaines circonstances scandaleuses de la conduite de Mme de Poncher, amenèrent de vives querelles entre elle et son mari ; ce dernier se sépara de sa femme et lui abandonna l'administration de Chacenay moyennant une somme de cent mille francs.

Mme de Poncher fit immédiatement réunir tous les habitants du pays, et leur signifia qu'ils aient à lui payer ses droits seigneuriaux, en vertu de titres dont elle leur donnait communication ; et que, s'ils ne se conformaient à sa demande, elle recourrait aux moyens rigoureux.

Les habitants exposèrent que depuis les dernières guerres qui avaient ruiné le pays, ils étaient tous réduits à la misère, et que pour l'instant ils ne pouvaient satisfaire aux réclamations de leur baronne, mais qu'aussitôt que leur position se serait améliorée, ils s'empresseraient de répondre à la demande qui leur était adressée.

Mme de Poncher ne voulut point accorder de délai, ni

---

(1) Ses armes étaient : *d'or au chevron de gueules, chargé en pointe, d'une tête de maure et de trois coquilles de sable, deux en chef, une en pointe.*

(2) La chronique rapporte qu'Elisabeth Arnaud était fille naturelle de Louis XIV.

faire aucune concession ; les terres furent confisquées au profit de la dame de Chacenay. Il y eut quelques transactions passées et homologuées au Parlement. Les plus *mutins* furent condamnés par des arrêts.

Mme de Poncher fit dresser un terrier qui prouva que, pendant les guerres, beaucoup de voisins s'étaient agrandis à *ses dépens ;* elle fit faire des enquêtes et borna toute sa seigneurie (1).

La châtelaine fit réparer et embellir son château ; elle adressa une supplique au roi, où elle exposait que depuis les guerres de la ligue, la chapelle du château n'avait pu être rétablie, et concluait en une demande pour les réparations de cette chapelle. Le roi ayant accordé quelques secours, la baronne aidant, fit relever la nef, et, en 1749, elle fit construire un auditoire dans son château.

Pendant son séjour au château de Chacenay, Mme de de Poncher y réunissait différents personnages de la cour, aux mœurs plus qu'équivoques. On y jouait la comédie, et Mme de Poncher remplissait les principaux rôles ; on y donnait des fêtes et des concerts.

En mourant, Mme de Poncher n'emporta dans la tombe les regrets d'aucun des habitants de la contrée. Elle était peu bienveillante, emportée, tyranisant tous ceux qui l'entouraient.

M. de Plancy, neveu de M^{mo} de Poncher, hérita de Chacenay. Ce dernier apporta un adoucissement à tous les maux des habitants du pays. Il était bon, généreux et charitable.

Mais il héritait d'une seigneurie à une époque désastreuse pour les fiefs et les châteaux, car le grand édifice de la féodalité, sapé par sa base, s'écroulait avec un effroyable fracas, entraînant dans sa chute le trône et la noblesse.

M. de Plancy, déclaré suspect, fut arrêté et jeté dans

---

(1) Tablettes généalogiques.

les cachots de Troyes; mais heureusement qu'il échappa au couteau révolutionnaire, en s'évadant de sa prison, évasion qui avait été facilitée par des amis de M. de Plancy. Cette nouvelle avait été accueillie avec joie par les habitants de Chacenay, car il était aimé et estimé de tous.

M. de Plancy rentra en France, et mourut à son château de Chacenay, en 1806.

Le domaine de Chacenay passa à l'héritier direct de M. de Plancy, M. Armand-François Bertherand (1), négociant à Reims. Mort en 1851, M. Bertherand emporta dans la tombe les regrets de tous les habitants de Chacenay, de qui il avait été le soutien et le bienfaiteur. Les fils de ce dernier doivent, dit-on, réparer le manoir de Chacenay, si riche en souvenirs historiques.

Chacenay, situé à 8 kilomètres de Bar-sur-Seine, fait partie du canton d'Essoyes et de l'arrondissement de Bar-sur-Seine.

Le sol qui compose le territoire de ce village est aride et pierreux, la vallée est cependant assez productive; elle est arrosée par un ruisseau et par une fontaine qui prend sa source au pied de la montagne que couronne le château.

Le château occupe la croupe d'une colline escarpée au nord, au levant et au midi, et défendu au couchant par une tranchée très profonde. Les versants et une partie du plateau sont plantés d'arbres, ce qui donne un cachet tout particulier aux restes de cette ancienne forteresse.

Lors de la révolution, la baronnie de Chacenay avait encore conservé des droits qui peuvent donner à juger de l'importance de cette châtellenie, avant les ruines successives qu'elle eut à subir.

Cinq prévôtés relevaient par appel à son bailliage (2), et

---

(1) Nous devons à ce dernier l'obligeante communication de plusieurs titres qui nous ont été utiles pour cette notice.

(2) Ce bailliage remonte au xve siècle.

les seigneurs de Chacenay, qui avaient les droits de haute, moyenne et basse justice, réunissaient le droit de conserver au greffe de cette baronnie le marc et l'étalon des mesures et aulnes dont se servaient plus de cent villes et villages (1). Les officiers de justice royale étaient obligés de venir faire marquer aux armes du seigneur de Chacenay, le boisseau qui leur servait à faire la police.

Les seigneurs de Chacenay avaient encore la garde de l'abbaye de Mores.

Le château de Chacenay n'est plus aujourd'hui qu'un vaste bâtiment irrégulier, sans aucun style, appartenant au XVII° siècle. On remarque, au milieu de la cour de ce château, un magnifique puits duquel on tire l'eau à une profondeur extraordinaire, au moyen d'un énorme rouage.

A l'intérieur, sauf la grande salle, il ne reste que peu de choses remarquables. L'ameublement du temps a été détruit par les Russes en 1815. La salle dont nous venons de parler est belle et régulière; de magnifiques portraits de famille l'ornent encore. On y remarque entr'autres Mme de Poncher, représentée en plusieurs endroits dans différents costumes de théâtre. Une vaste cheminée orne cette salle, on y voit sculpté le *scel* d'Alix, baronne de Chacenay; elle est représentée à cheval, tenant un faucon sur le poing. C'était un médaillon oval, comme il était d'usage de faire les *sceaux* au moyen-âge. Mme de Poncher avait fait reproduire la copie d'une cire originale; seulement il est à regretter que la légende n'ait pas été copiée textuellement. On lit : *Scel d'Alix, baronne de Chacenay*, 1262.

La révolution a marqué son passage sur cet inoffensif médaillon, la couronne qu'Alix avait sur la tête et le blason qu'elle portait sur sa longue robe d'hermine ont

---

(1) Le P. Anselme.

été coupés. A côté de cette cheminée, se trouvent entassés sur une table quelques fragments d'anciennes armures ; entr'autres trois casques, dix *saladiers*, remontant au temps de la ligue, quelques cuirasses et des brassards.

Quant à la seigneurie des Tours-Sainte-Parisse, il n'en reste que quelques ruines, et le donjon est entièrement disparu. Cependant, il serait facile d'assigner l'emplacement de cette singulière demeure féodale, qui n'était seulement séparée du château de Chacenay que par un fossé.

Mme de Poncher avait fait réparer ces tours et construire une galerie qui conduisait du donjon *dit* du roi, par-dessus le rempart ; mais elle avait fait détruire, en 1748, une énorme tour, dite à la *truye*, et murailler la porte de l'ancienne seigneurie de Sainte-Parisse, qui était au midi.

La chapelle est située sur le même plateau que le château, et se trouve à peu près à égale distance de ce dernier que de l'ancienne demeure seigneuriale de Sainte-Parisse ; elle se trouvait comprise dans l'intérieur des fortifications. Cette chapelle sert aujourd'hui d'église paroissiale.

Les fondations en furent jetées en 1206 ; elle fut achevée en 1224. Ayant eu à subir plusieurs dévastations, elle fut réparée par Guillaume de Grancey, en 1370.

Incendiée, pillée en 1465, on y fit quelques réparations. Les protestants la dévastèrent en 1563, et ne laissèrent que les murailles du sanctuaire, qui résistèrent ainsi jusqu'au xviiie siècle, époque où Mme de Poncher la fit recouvrir, réparer et reconstruire une nef dont la construction et la disposition sont déplorables. Cette chapelle possède un tableau que l'on dit être la seule copie d'un original perdu dans un naufrage (le testament d'Eudamidas, par le Poussin).

Sous un porche de mauvais goût, se trouve une grande plaque de marbre noir où l'on voit l'inscription funéraire et les armes de Mme de Poncher.

Le sanctuaire est d'architecture ogivale, les fenêtres sont à simples lancettes, et les chapiteaux, soit de colonnettes ou de piliers, sont à crossettes végétales; ce qui atteste que cette construction est bien celle de 1224.

En suivant attentivement les accidents du terrain, on peut reconnaître l'emplacement de toutes les anciennes fortifications.

La population du village de Chacenay s'élève aujourd'hui à 314 habitants.

(Extrait de l'Annuaire de l'Aube. 1852.)

www.ingramcontent.com/pod-product-compliance
Lightning Source LLC
Chambersburg PA
CBHW060505050426
42451CB00009B/835